「主の祈り」を生きる

コロナ禍で浮き彫りになった課題とともに

赤坂 泉

おくたま
福音文庫

いのちのことば社

はじめに

「おくたま福音文庫」の第一冊目として、赤坂泉先生による『「主の祈り」を生きる——コロナ禍で浮き彫りになった課題とともに』を、皆さまにお届けできることを、心から感謝いたします。本書は、二〇二一年四月十七日に奥多摩福音の家の主催で行われたＷＥＢセミナーの原稿がもとになっています。講師の赤坂先生は、多忙を極める神学校校長としてのお働きの中で、ＷＥＢセミナーの講師の依頼を快くお受けくださったばかりでなく、本書のためにセミナー原稿に加筆もしてくださいました。

このＷＥＢセミナーの案内チラシには、次のようなコピーが載っていました。

「コロナウイルスが教会に突きつけた現実とは?

会堂に集まれない信徒……オンライン礼拝の課題とは？
私たちはこの時代、この境遇から何を学び、主は何を望んでおられるのか？
みことばからともに考えてみませんか？」

ここには、先行きの見えないコロナ禍にあって、みことばによる指針と展望をいただきつつ、それを諸教会と分かち合いたい、という思いが込められています。講師の赤坂先生は、この思いを汲んでくださっただけでなく、講師と参加者の双方向の交流、さらには参加者相互による豊かな交わりが生まれるように心を砕いてくださいました。

赤坂先生が提案してくださった当日プログラムにも、その配慮を見ることができます。プログラムは間に短い休憩を挟みながら、次のような流れで進行していきました。本書には、参加者との質疑応答も巻末に収録されていますので、当日の空気を感じていただけるものと思います。

講義①（35分）、講義②（35分）、質疑応答（20分）、グループタイム（30分）、講義③（20分）

このＷＥＢセミナーは、Zoomで行われ、全国各地から約百三十名の方々が参加・視聴してくださいました。参加された方々の中には、個人や家族で視聴した方々の他に、それぞれの教会に集まり、感染対策を取りつつ、ライブ上映の画面で視聴してくださった方々も多数おられました。

セミナー当日の東京は、第二次と第三次の緊急事態宣言の間だったこともあり、講師と準備スタッフは、奥多摩福音の家に集まって、チャペルから配信することができました。準備に当たったのは、コロナ禍でのクリスチャン・キャンプ場の新しい取り組みの一環として、二〇二〇年に設けられたＷＥＢセミナー小委員会のメンバーです。全員で企画を練りながら、交渉、運営、セッティング、ホスティングを分担して行いました。

最後になりましたが、Wisdom Soundの大嶋英知兄には配信と機材についてのアドバイスとご助力をいただきました。この場を借りて御礼申し上げます。何より、当日セミナーに参加し、質疑やグループタイムを通して、このセミナーをともに作り上げてくださった皆さまと、いつも奥多摩福音の家を覚えて祈り、とりわけこのコロナ禍にあって忍耐と信仰をもって支え続けてくださる皆さまに、心から感謝いたします。

「わがたましいよ 主をほめたたえよ。
主が良くしてくださったことを何一つ忘れるな。」

（詩篇一〇三篇二節）

奥多摩福音の家・ＷＥＢセミナー小委員会

目次

おくたま
福音の家
じむしょ
しょくどう

Ⅰ　コロナ禍で浮き彫りになった課題の中から

新型コロナウイルス感染症と向き合ったこの一年あまりは、誰にとっても未知の世界でした。多数の判断や新しい対応を求められた特別な経験だったと言えるでしょう。世界中で新しい知見が加えられ、新しい対策が試みられています。ワクチンは異例のスピードで開発・承認され始めていますが、強力な治療薬の登場がなお待たれるところです。

コロナ禍は、社会のあらゆる方面に新しい対応を要請しました。キリスト者としては、礼拝と賛美、聖餐や愛餐、交わりのあり方など、当たり前だと考えてきた多くのことを見つめ直すことにもなりました。日常生活も、会社のオフィスや学校の教室の風景が変わり、鉄道の駅や空港の様相が一変し、飲食店ばかりでなく、町の様子そのものがずいぶん変わりました。危機に直面しています。これらの対応も現在進行形で、どこまでどのように続くのか、なお見通しが利きません。そのような中、今回のようなオンラインの〝集まり〟もすっかり日常化した感があります。

聖書神学舎でも、全寮制の研修生活を継続できましたが、授業や礼拝、祈禱会の一部をオンラインで行った時期もありました。我慢を強いられる面は確かにありますが、積極面もあります。日頃は簡単には会えない方々と祈ったり、遠隔地からチャペル説教の奉仕をしていただいたり、拡大教育の裾野が大きく広がったりといったことでしょうか。オンラインの営みについては注意深い評価も必要ですが、今後も積極的に活用できると思います。

それにしても、急速な変化の中で課題も浮き彫りになっています。総評を試みるつもりはありません。軽率な評論家気分に陥らないように気をつけたいと思います。それでも、直面している課題を避けて通ることもできません。この機会には三つの課題に限ることにして、少しご一緒に考えましょう。

いっしょに集まることについて（ヘブル一〇章～ＪＥＡ神学エッセイ）

最初に、教会が「集まること」について考えます。

コロナ禍の急拡大に直面して、諸教会はどこも感染予防と感染拡大防止に心を砕いたと思います。初めは情報がとても限られていました。アンテナを張り、手探りしながら、幅広い見解や感情も踏まえて、ともかく判断しなければなりません。諸外国の政治や教会の事例も参照しながらでしょう、どのように教会堂に集まることができるのか、しないのか、といった判断です。それまで当たり前にしてきたことについて、改めてその理由や目的を言語化することを求められました。戸惑いの多い作業でした。

そのなかで、ヘブル人への手紙一〇章二五節の「ある人々のように、いっしょに集まることをやめたりしないで、かえって励まし合い」（新改訳第三版）というくだりは、教会の議論をあるいは助け、あるいは緊迫させたように思います。ＪＥＡ（日本福音同盟）の理事会からの要請で、ＪＥＡ神学委員会が急ぎ発行した神学エッセイ集『心をひとつにして、福音の信仰のために――新型コロナウイルス時代を生きる教会』

（二〇二〇年）に寄せた文書に次のようなことを書きました。

改めて「いっしょに」集まることの意味を考えましょう。新改訳２０１７は「ある人たちの習慣に倣って自分たちの集まりをやめたりせず、むしろ励まし合いましょう」と訳しました。細かな議論は措《お》いても、「いっしょに」ではなく「集まり」に注目すべきことは明らかです。「励まし合い」を見落としてはなりません。また少し視野を広げて、一九節からの段落にある三つの勧告に留意しましょう。信仰をもって神に近づこう。希望を告白しよう。そして「愛と善行を促すために、互いに注意を払おうではありませんか（二四）」です。二五節の、集まりを止めないで、励まし合うようにという勧めはこの第三の勧告に従属しています。つまり、いっしょに、どのように集まるかがこの箇所の中心的な関心ではありません。神に近づくこと、希望の告白に生きること、とりわけ愛と善行を促し合うことを勧告しており、そのために集まり、励まし合おうというのです。しかも、三・一三に「日々互いに励まし合って」とあったように、主日の礼拝や特定の集会だけのことではなく、日々のことです。

確かに教会は「一つになって」あるいは「同じ場所に」（使徒一・一五、二・一、四四、四七他）集まりました。しかし、困難や迫害によって散らされると「みことばの福音を伝えながら巡り歩いた」（cf. 使徒四・二九、三一、六・七、八・四、一二・二四他）のでした。パウロの宣教の足跡からも、一つの場所に集まった教会、家々に集まった教会、少人数の集会など多様なあり方がうかがわれます。

こうしてみると、どのように集まるかは副次的なことです。形態ではなく、集まる目的に焦点を合わせましょう。この事態にあって、愛と善行を促すために互いに注意を払うこと、そのために集まり、そのように励まし合うことが大切です。

こんにち、私たちには多様な手段が備えられていることを神に感謝します。一堂に会することは幸いです。顔と顔を合わせ、手と手を合わせるなかでいただく励ましがあります。同時に、インターネット等を介して「集まる」ことも幸いです。集まること自体ではなく、愛と善行を励まし合うこと、神を愛し、隣人を愛する日々の現実を励まし合うことが目的であるなら、それを実現する手段はもっとありそうです。

ヘブル書の「ある人たち」がなぜ集まりを止めるようになったのか確かな情報

はありませんが、(例えばローマ帝国による迫害のような)予期せぬ困難に直面して、という説は有力です。キリスト者を、信仰と希望、愛と善行から遠ざけようとする力に屈したのでしょうか。私たちは困難に屈するのでなく「むしろ励まし合いましょう。」そして「コロナ後の世界」を展望しましょう。直面するのが何であっても、信仰をもって神に近づき、希望を告白し、そして「愛と善行を促すために、互いに注意を払おうではありませんか。」そのために教会の「集まり」がいよいよ用いられますように。

(赤坂泉「『いっしょに』集まる幸い～愛と善行を励まし合うことにこそ～」)

ある場合には物理的に一つ所に集まることが励ましであり、別な局面ではオンラインの集まり方が励まし合いになるでしょう。逆に言えば(少し思い切った言い方をしますが)、もしも、礼拝堂にいっしょに集まっても、それが神に近づくこと、希望の告白に生きること、愛と善行を促し合うことにならないなら再考を要するのではないでしょうか。教会の提供するオンラインの集まりが、教会が神に近づくこと、希望の告白に生きること、愛と善行を促し合うことにならないなら、どれほど意味のあることでしょうか。

身体性の拡張・全人性からの乖離《かいり》の課題（ＪＥＡ宣教フォーラムの発題から）

次にオンラインの日常化を「身体性の拡張」と表現して、それがはらむ「全人性からの乖離」という課題を考えましょう。これもＪＥＡの、二〇二〇年九月の「宣教フォーラム」で発題したことの一部です。より詳しくは、いつかその記録が公開されて、参照していただけることもあるかと思います。

新約聖書時代の「教会」は、「礼拝の民」として集められ、「からだ」として各地にローカルに存在し、同時に単一の（公同の）教会です。ローカルに存在するというとき、紀元一世紀の状況では物理的に一つの場所に集まることであると考えるのが〝普通〟でしょう。ところが、一見するとその〝普通〟を覆すかのような、いくつかの聖書箇所を思い出します。

「まことに、もう一度あなたがたに言います。あなたがたのうちの二人が、どんなことでも地上で心を一つにして祈るなら、天におられるわたしの父はそれをかなえてくださいます。二人か三人がわたしの名において集まっているところには、わたしもその中にいるのです。」

（マタイ一八・一九〜二〇）

またヨハネは、福音書の一三〜一七章と第一の手紙で、「〜のうちにいる」という表現を多用して、地上の物理的な秩序では説明のつかない、神の恵みの事実を語っています。

さらに、次のパウロの表現は、私たちの現実に接近します。

「私は、からだは離れていても霊においてはそこにいて、実際にそこにいる者のように、そのような行いをした者をすでにさばきました。すなわち、あなたがたと、私の霊が、私たちの主イエスの名によって、しかも私たちの主イエスの御力とともに集まり、そのような者を、その肉が滅ぼされるようにサタンに引き渡したのです。それによって彼の霊が主の日に救われるためです。」

（Ｉコリント五・三〜五）

コリントに集まっている人々が、パウロの考えを知らされて受け止め、それが主イエス・キリストの御旨と合致することを了解して、一致して一つの判断に至ったとき、遠くにいるパウロも含めた一つのからだが存在している、と言うのです。つまり、物理的な集まりを必然としない身体性も考えていると言えそうです。（この聖句は構文の理解が容易でなく、翻訳にも苦労が見受けられる箇所ですが、ここでは詳論はできません。）

私たちの時代は、オンラインの活動の急速な日常化を経験しました。数年前から社会のさまざまな現場で活用されてきたとは言え、教育機関の多くや、ほとんどの教会にとっては評価も準備も十分でないまま、急に強いられた感を否めません。オンライン「礼拝」に、礼拝者として「出席」しているのか、「視聴」しているにすぎないのか。拡張した身体性をもって出席する礼拝と、リアルな身体での礼拝出席は同じものなのか。検討を要します。

関連してもう一つ、オンラインの集まりが全人的な参加を必然としないという問題があります。

たとえば、次の対談はわかりやすくその問題点を浮き彫りにします。

山極壽一（京都大学総長）

「大学も、遠隔教育がずいぶん進みました。でも教員はラクになるどころか大変です。というのは座学であれば、教室にいる生徒全員に対して語りかければいい。学生もくどくど質問することはありません。でも、オンライン授業は基本的に一対一。学生たちはパンツ一丁で寝転んで授業を受けてもいいですが（笑）、周りを気にしなくていいぶん、自由に質問するようになりました。それ自体は悪いことではありませんが、教員は個別に答える必要があるから、なかなか大変です。」

小林喜光（三菱ケミカルＨＤ会長）

「企業のウェブ会議のほうは、『空気を読まないで喋れる』と好評ですよ。どうも、対面だと場の雰囲気を読んだり、相手の顔色をうかがったりして自由に喋れないんですね。ウェブだと、愛想笑いやゴマすりが通用しないのもいい（笑）。」

（文藝春秋 digital「デジタル独裁VS東洋的人間主義　コロナ後の世界を制するのは？」二〇二〇年六月二十五日）

いかがでしょうか。礼拝や祈禱会、諸々の会合や教会総会、オンライン愛餐会、オンラインキャンプなどなど。大きな可能性とともに、冷静な評価が必要で、また、教会教育的な整えが大切であると思います。

愛の貧しさ——人間の本質

三つ目の課題として挙げるのは、コロナ禍が浮き彫りにした、人間の愛の貧しさです。

もちろんこの一年だけの問題ではなくて、非日常に直面するたびに露呈する、人間にとって本質的な問題です。罪人である人間は皆自分本位に生きています。平時は、その本質を覆い隠すようにして善を追求するかもしれません。しかし、罪の本質は地下茎のようにいつもそこにあるので、機会をとらえて表出し、大きな問題に展開します。

コロナ禍にあって、愛の実践も多々あったにせよ、もっと目立ったのは愛の貧しさでしょう。孤立や孤独、経済的な困窮や先行きの不安に直面して、助け合いの生まれた場面も数多あったにせよ、切り捨てや偏見、差別や奪い合いがかえって苦悩を増していているという面が目立つように思います。

Ⅱ　神の民の視座

さて、この時代に、これらの課題に思いを向けながら、次に考えたいのは、私たちの「視座」です。同じ事実を見ていても、どこに立って見るかで、その風景や意味はまるで違うものになります。

たとえば、濁流に流される橋を、橋のこちら側の安全なところで見ているのか、それが唯一の生活道路である向こう側で見ているのか、それとも上空からの映像でニュースとして見るのか。事実は同じですが、その意味や影響はまるで違うでしょう。

たとえばヨセフを思い出してください。人間の罪が増幅して、ヨセフは兄たちに殺されそうになり、エジプトに奴隷として売られました。そこで不遇も経験しましたが、最後にはファラオに次ぐ地位でエジプト全土を支配する者となりました（創世四一・三七～四五）。結果、神がこのすべてを支配しておられると告白します（同四五・七～八）。

「あなたがたは私に悪を謀《はか》りましたが、神はそれを、良いことのための計らいとしてくださいました。それは今日のように、多くの人が生かされるためだったのです。」
（五〇・二〇）

事実は一つですが、意味は多様です。どこに立って見るかが大切です。状況に振り回されて、近視眼的になるのでなく、神の下さる視座に立つことが必要です。聖書全体から五つの視座を提案します。

神の統御を信じている幸い

まず、神がすべてを統御しておられるという事実です。この事実を信じて、すべてがこの神のご支配のもとにあるという視座に立って、世界の現実を見ることを大切にしましょう。

次の聖書の箇所を参照してください。

「彼らがそれぞれの主君に次のことを言うように命じよ。『イスラエルの神、万軍の主はこう言われる。あなたがたは主君にこう言え。わたしは、大いなる力と伸ばした腕をもって、地と、地の面にいる人と獣を造った。わたしは、わたしの目にかなった者に、この地を与える。」

（エレミヤ二七・四～五）

「ペルシアの王キュロスの第一年に、エレミヤによって告げられた主のことばが成就するために、主はペルシアの王キュロスの霊を奮い立たせた。王は王国中に通達を出し、また文書にもした。『ペルシアの王キュロスは言う。「天の神、主は、地のすべての王国を私にお与えくださった。この方が、ユダにあるエルサレムに、ご自分のために宮を建てるよう私を任命された。あなたがた、だれでも主の民に属する者には、その神がともにいてくださるように。その者はユダにあるエルサレムに上り、イスラエルの神、主の宮を建てるようにせよ。この方はエルサレムにおられる神である。あとに残る者たちはみな、その者を支援するようにせよ。その者がどこに寄留しているにしても、その場所から、その土地の人々が、エルサレムにある神の宮のために進んで献げるものに加え、銀、金、財貨、家畜をもってその者を支援せよ。」』」

（エズラ一・一〜四）

「この世界とその中にあるすべてのものをお造りになった神は、天地の主ですから、手で造られた宮にお住みにはなりません。また、何かが足りないかのように、人の手によって仕えられる必要もありません。神ご自身がすべての人に、いのちと息と万物を与えておられるのですから。神は、一人の人からあらゆる民を造り出して、地の全面に住まわせ、それぞれに決められた時代と、住まいの境をお定めになりました。それは、神を求めさせるためです。もし人が手探りで求めることがあれば、神を見出すこともあるでしょう。確かに、神は私たち一人ひとりから遠く離れてはおられません。『私たちは神の中に生き、動き、存在している』のです。あなたがたのうちのある詩人たちも、『私たちもまた、その子孫である』と言ったとおりです。」

（使徒一七・二四〜二八）

ここに私たちの実際的な拠り所があります。そして、この視座が私たちを平安へと導きます。

恵みとあわれみに富む神として知っている幸い

次に、神が恵みとあわれみに富むお方であるという事実です。神の本性について聖書から多くを知らされます。（組織神学の）教科書的に、人間との関わりという面から言えば、たとえば、「聖、愛、知恵、恵みとあわれみ、善、忍耐、義と公正、真実、忠実」などと並べてみることができます。もっともっと数えることができますが、今注目したいのは、恵みとあわれみに富む神である、という点です。

参照する聖書箇所は、エペソ人への手紙二章一～一〇節です。

「さて、あなたがたは自分の背きと罪の中に死んでいた者であり、かつては、それらの罪の中にあってこの世の流れに従い、空中の権威を持つ支配者、すなわち、不従順の子らの中に今も働いている霊に従って歩んでいました。私たちもみな、不従順の子らの中にあって、かつては自分の肉の欲のままに生き、肉と心の望むことを行い、ほかの人たちと同じように、生まれながら御怒りを受けるべき子らでした。しかし、あわれみ豊かな神は、私たちを愛してくださったその大きな愛のゆえに、背きの中に死んでいた私たちを、キリストとともに生かしてくださいました。あなたがたが救われたのは恵みによるのです。

神はまた、キリスト・イエスにあって、私たちをともによみがえらせ、ともに天上に座らせてくださいました。それは、キリスト・イエスにあって私たちに与えられた慈愛によって、この限りなく豊かな恵みを、来たるべき世々に示すためでした。この恵みのゆえに、あなたがたは信仰によって救われたのです。それはあなたがたから出たことではなく、神の賜物です。行いによるのではありません。だれも誇ることのないためです。実に、私たちは神の作品であって、良い行いをするためにキリスト・イエスにあって造られたのです。神は、私たちが良い行いに歩むように、その良い行いをあらかじめ備えてくださいました。」

神があわれみに富むお方であって、恵みをもって私たちをあしらってくださることを知らされている私たちは、その視座に立ってモノを見たいと思います。

「あらゆる慰めに満ちた神」として知っている幸い（神との交わり）

さらに別な表現で、この神を「あらゆる慰めに満ちた神」として知らされていることを大切にしましょう。コリント人への手紙第二、一章三～七節から学びます。

「私たちの主イエス・キリストの父である神、あわれみ深い父、あらゆる慰めに満ちた神がほめたたえられますように。神は、どのような苦しみのときにも、私たちを慰めてくださいます。それで私たちも、自分たちが神から受ける慰めによって、あらゆる苦しみの中にある人たちを慰めることができます。私たちにキリストの苦難があふれているように、キリストによって私たちの慰めもあふれているからです。私たちが苦しみにあうとすれば、それはあなたがたの慰めと救いのためです。私たちが慰めを受けるとすれば、それもあなたがたの慰めのためです。その慰めは、私たちが受けているのと同じ苦難に耐え抜く力を、あなたがたに与えてくれます。私たちがあなたがたについて抱いている望みは揺るぎません。

なぜなら、あなたがたが私たちと苦しみをともにしているように、慰めもともにしていることを、私たちは知っているからです。」

「あわれみ深い父」は新約聖書のこの箇所だけの表現ですが、その意味するところは他の箇所でも述べられています。たとえば、ルカの福音書六章三六節「あなたがたの父があわれみ深いように、あなたがたも、あわれみ深くなりなさい」に、少しだけ語形の違う単語で用いられ、ヤコブの手紙五章一一節（ヨブに対する主の忍耐に言及しながら）「主は慈愛に富み、あわれみに満ちておられます」というところにもあります。

「あらゆる慰めに満ちた神」（三版＝直訳「すべての慰めの神」）という表現もここだけに登場する表現で、少し丁寧に理解しておくことが大切です。

まず、「慰め」が、何か感情に関わる慰めのことだけを指すのではないことに注意しましょう。慰めという訳語からは、どこか感傷的な、エモーションに関する用語として理解したくなるでしょう。しかし、「パラクレーシス」（ギリシア語）は、励まし、強め、支えるという具体性、現実の動きを伴うことばです。

ローマ人への手紙一五章四～五節には「聖書が与える忍耐と励まし……忍耐と励ましの神が……」、使徒の働き九章三一節後半には、教会が「主を恐れ、聖霊に励まされて前進し続け、信者の数が増えていった」とあります。「助け主」というヨハネの福音書一四～一六章に出てくる語も、もとは同じ動詞から派生しています。教会よ、互いに励まし合いなさい、という意味でも度々使われています（Ⅰテサロニケ三・二、四・一八、五・一一他）。

このように、「慰め」は、励まし、強め、助けて、支える、という具体的な慰めを含むことばなのです。私たちは、このようなお方として神を知らされています。この視座を大切にしましょう。

交わりに生かされている幸い

この神は、私たちをご自身との交わりに招き、神との交わりに生かしてくださいます。さらに、主にあって互いの交わりに生かされ、隣人を愛する交わりへと遣わされていることを覚えましょう。

次の聖書の箇所を参照してください。

「また、愛と善行を促すために、互いに注意を払おうではありませんか。ある人たちの習慣に倣って自分たちの集まりをやめたりせず、むしろ励まし合いましょう。その日が近づいていることが分かっているのですから、ますます励もうではありませんか。」

（ヘブル一〇・二四〜二五）

「さて、兄弟たち。私たちは、マケドニアの諸教会に与えられた神の恵みを、あなたがたに知らせようと思います。彼らの満ちあふれる喜びと極度の貧しさは、苦しみによる激しい試練の中にあってもあふれ出て、惜しみなく施す富となりました。私は証しします。彼らは自ら進んで、力に応じて、また力以上に献げ、聖徒たちを支える奉仕の恵みにあずかりたいと、大変な熱意をもって私たちに懇願しました。そして、私たちの期待以上に、神のみこころにしたがって、まず自分自身を主に献げ、私たちにも委ねてくれました。それで私たちは、テトスがこの恵みのわざをあなたがたの間で始めたからには、それを成し遂げるようにと、彼に勧めました。あなたがたはすべてのことに、すなわち、信仰にも、ことばにも、知識にも、あらゆる熱心にも、私たちからあなたがたが受けた愛にもあふれています。そのように、この恵みのわざにもあふれるようになってください。」

（Ⅱコリント八・一～七）

「ですから、キリストにあって励ましがあり、愛の慰めがあり、御霊の交わりがあり、愛情とあわれみがあるなら、あなたがたは同じ思いとなり、同じ愛の心を持ち、心を合わせ、思いを一つにして、私の喜びを満たしてください。何事も利己的な思いや虚栄からするのではなく、へりくだって、互いに人を自分よりすぐれた者と思いなさい。それぞれ、自分のことだけでなく、ほかの人のことも顧みなさい。」

（ピリピ二・一～四）

使命に生きる幸い（or 喜び）

五つ目の視座として、使命に生きる幸い、これを知り、そこに立つことについて考えましょう。

神の民は、神に召され、神の使命に生きる者とされています。変転する世界にあって、無為に存在しているのでなく、神の世界の統治管理者として生かされ、また、神の福音を宣教する務めに生かされています。この事実に立ってモノを見るのです。

無為に生きるのではない。状況がどのようであっても、神によって召されたところで、神から与えられている使命に生きている、と告白して、そこに立って現実を見つめたいと思います。

以上、神の統御を信じる視座、恵みとあわれみに富む神に信頼する視座、あらゆる慰めに満ちた神に期待する視座、交わりに生かされている幸いに生きる視座、そして、使命に生きるという視座、と五つの視座を確認しました。

これらの視座に堅く立ちたいと思います。コロナ禍だからというだけではありません。世界はいつも変化しています。私たちもそうです。その中で、視座を誤ることなく、堅く立って、主のわざに励みたいと思います。

「ですから、私の愛する兄弟たち。堅く立って、動かされることなく、いつも主のわざに励みなさい。あなたがたは、自分たちの労苦が主にあって無駄でないことを知っているのですから。」

（Ⅰコリント一五・五八）

Ⅲ 「主の祈り」を生きる

このたびのセミナーの企画者の意図は、タイトルの副題のほうに色濃く反映されています。突然山のように積み上げられた課題に、私たちは、どう向き合って考え、どのように今を生き、またこれからを展望すればいいのか、そのようなことを考える機会が大切である、と。全くそう思います。

それでまず、神の民の視座ということで整理を試みました。

しかし、セミナーに参集した時にだけ考えるというものではないし、あらためて立ち止まった時だけというものでもないでしょう。それで、私たちの日々の歩み、文字どおり日々刻々の歩みを、主にあって整えていただく助けを「主の祈り」に求めたいと考えました。

よく親しんでいる「主の祈り」にあらためて心を留めて、新たな感謝と決断をもってこの祈りを祈りたい。そして、この祈りに導かれて、この祈りに添って生きる幸いへと成長させられたい。そう思います。

（別な言い方で言えば、この祈りに助けられて、先に考えた「神の民の視座」をリマインドさせられ、そこに立つことを助けていただきたいということでもあります。）

9 「天にいます私たちの父よ。
御名が聖なるものとされますように。
10 御国が来ますように。
みこころが天で行われるように、
地でも行われますように。
11 私たちの日ごとの糧を、今日もお与えください。
12 私たちの負い目をお赦しください。
私たちも、私たちに負い目のある人たちを赦します。
13 私たちを試みにあわせないで、
悪からお救いください。」

（マタイ六・九b〜一三）

神認識と告白

最初の呼びかけだけは、原語の語順で考えましょう。

◆父

最初の語は「父」です。私たちは、「天のお父様」と呼びかけて祈るように教えられて、当たり前のようにそうしています。しかし、実は新約聖書の時代に、これは尋常でない、特殊な祈り方でした。考えてみればそうです。万物の創造主であり、全地の統治者である唯一の神に、父よ、と呼びかけるなど、とんでもないことです。そんな気軽に呼べるはずがないのです。

十戒にもこうあります。「あなたは、あなたの神、主の名をみだりに口にしてはならない。主は、主の名をみだりに口にする者を罰せずにはおかない」（出エジプト二〇・七）。実際に、ユダヤ人たちは主の名を口にしませんでした。最大限の恐れをもって、律法に抵触しないように細心の注意を払って、神に祈りをささげました。

ですから、当時の人々には、イエスが天を見上げて、「父よ」と呼びかけて祈る光景は、にわかには受け入れられないものでした。弟子たちにとってもそうだったはずで、「ですから、あなたがたはこう祈りなさい」と主に教えていただいて、驚愕したと想像します。しかし、主イエスは、神に向かって「父よ」と呼ぶ当然の権利を持っておられ、その同じ呼びかけを用いる特権に弟子たちを招いてくださいました。

私たちもそうです。主イエスの御名によって祈るとき、唯一のまことの神に、父よと呼びかけることができます。当たり前なのではなく、恵みです。

神の御霊に導かれる人はみな、神の子どもです。あなたがたは、人を再び恐怖に陥れる奴隷の霊を受けたのではなく、子とする御霊を受けたのです。この御霊によって、私たちは「アバ、父」と叫びます。

御霊ご自身が、私たちの霊とともに、私たちが神の子どもであることを証ししてくださいます（ローマ八・一四〜一六）。この恵みに生かされていることを感謝して、「父よ」と祈りましょう。

◆私たちの

次の語は「私たちの」です。私の神という個人的な信仰の告白をもって呼ぶ関係にあることが前提にありますが、「私たちの」という視点も大切です。というのも、私たちは、いつの間にか自分のことにばかり関心が集中しがちだからです。近視眼的になりやすいものだと思います。

ですから、「私たちの父よ」と祈るように教えられているのだと思います。「私たちの父よ」と口にするごとに、私たちの関心を、また私たちの祈り方を拡げていただきましょう。我と我が事にばかり終始する祈りでなく、隣人の必要に目を向け、そのために祈ることができますように。

我と我が教会、我と我が国、我と我が時代だけではなくて、目を上げて、視野を広くして祈りましょう。

◆天にいます

さらに、私たちの父は天にいます、という告白が続きます。これは、父なる神が天におられるという事実を端的に述べているというにとどまらず、神の主権を告白することでもあります。御父が、万物の創造主であり、万物の保持者であって、今も被造世界のすべてを治めておられる、という事実を告白するのです。

◆まとめ

このように、「主の祈り」は一行目から、私たちの祈りにおける（したがって、生活の全面における）神認識を整え、私たちの祈りの姿勢を問います。

日々刻々、「天にいます」「私たちの」「父よ」と心に覚え、あるいは口にするたびに、こうした認識と姿勢を確認させられて、そこに立つことを励まされて、それゆえにそこからモノを見る歩みを重ねましょう。

前半・神の支配と統御を喜んで

◆御名が聖なるものとされますように

呼びかけに続いて、あなたのお名前が「聖なるものとされますように」という祈りが始まります。あなたの名前を「御名」と訳し、あなたの国を「御国」、あなたの意志あるいは願いを「みこころ」と訳しています。

「名は体を表す」という日本語のフレーズは、聖書の世界における名前の意義を理解する良い助けです。名前は単なるラベルや呼称でなく、それは実体と不可分のものです。

「御名が聖なるものとされますように」という祈りは、名称の問題ではなくて、御父ご自身が聖なるものとされますようにという祈りです。御父は永遠に聖であるお方です。他の何とも比べることのできない至高の神、唯一の絶対者です。それなのに、私たちがそんなふうに祈るというのはどういうことでしょうか。

人間がいつも神の聖を完全に認めているなら、こうは祈らないでしょう。ところが、神の子どもたちであっても、罪の性質の残滓のために、神を認めなかったり、軽んじたりすることがあり、神から目を背けて生きようとすることがあります。そうして、結果、要らぬ混乱を自分たちに引き寄せます。

ですから、御名が聖なるものとされるように祈るのです。祈るごとに、神を神としてあがめることを告白します。その告白が、祈る者たちをして、聖なる神を仰ぎ見て、いつも神の前に留まっている生活に歩ませます。これが私たちの日常でありますように。

◆**御国が来ますように**

また、「御国が来ますように」と祈り求めます。御国、それは、神の支配が行き届いている領域です。本来はこの世界の全体が神の支配に服しているはずです。しかし、現実の世界は罪に縛られており、神に逆らい、神に従おうとしません。ですから、御国が来ますように、神の支配が拡がりますようにと祈るのです。

そう祈るからには、祈っている者たちは、いつも神の支配に服していられますようにと心から願っているはずですし、その願いに添って生きているはずです。口で「御国が来ますように」と言いながら、心では神の支配を喜んでいないとか、その生活が神の支配に服していない、などということがありませんように。

まず各々、私において、いつも、どこにも、御国が来ますようにと祈りましょう。また、人々のために祈りましょう。あの人、この人に御国の福音が届けられて、悔い改めて神の支配に立ち返り、御国を生きる者とされますように祈りましょう。あの地域、あの国に御国が来ますように、と祈りましょう。

永遠の御国の完成を待ち望みながら、いま、この世界に御国が拡がることを祈り求めたいと思います。

◆みこころが行われますように

父のみこころが行われるべきことについても同じように言えます。いつでも、全面的に、神のみこころが行われるのが本来のあるべき世界の姿です。しかし現実には、罪がみこころを歪め、みこころに適わないことを行わせています。ですから、天で全面的に、完全に行われているのと同じように、地上でもみこころが行われますようにと祈るのです。

みこころの実現。それは神が主権をもって為してくださることです。それとともに、そこに神の民を参与させてくださいます。みこころが行われますようにと祈る者は、自らの言動を整え、また世界を整えるために労しましょう。

後半・慰めの神により頼み、交わりを大切にして

「主の祈り」の後半には、私たちの歩みのための具体的な祈願が展開します。

◆糧をお与えください

「私たちの日ごとの糧を、今日もお与えください」という祈りは、「糧」は神が与えてくださるものであるという告白を含んでいます。私たちは、そのように口にするとおりに信じているでしょうか。気をつけていないと、糧は自分の力で獲得しているのだという誤解に陥りやすいと思います。

申命記八章の警告を思い出します。

「あなたは心のうちで、『私の力、私の手の力がこの富を築き上げたのだ』と言わないように気をつけなさい。」（一七節）

糧は神の恵みです。自力だけで確保するものではありません。主の祈りを祈るごとに、供給してくださる神への全幅の信頼を告白し、労働の恵みを感謝し、高慢を見張りましょう。

また、私の糧でなく、「私たち」の糧のために祈ることは、私たちの視野を拡げます。隣人の糧、隣国の糧に関心を向けましょう。搾取を見張りましょう。必要以上に奪おうとする誘惑を退け、恵みを分かち合いましょう。

◆「負い目をお赦しください」「赦します」

次は「負い目をお赦しください」です。こう祈るときに皆さんは具体的には、どのような負い目を意識しているでしょうか。文語の「我らの罪をもゆるしたまえ」という表現に慣れていることも手伝って、イエス・キリストを信じて与えられる罪の赦しをイメージして、人の根本的な罪の有り様を意識する方が多いかもしれません。

しかし、それでは、後半の「私たちも、私たちに負い目のある人たちを赦します」と整合しません。もっと具体的に意識する必要があります。

現に、私たちは互いに多くの負債を負っています。神の子どもとして新しいいのちに生かされているのに、その身分にふさわしくない心の思いやことばや行動に引き寄せられます。そうして神に対しても、人に対しても害悪を振りまき、御父の御名を傷つけてしまいます。この負い目、あの負い目と数え始めると際限がないことに気づき、圧倒されます。負い目をお赦しくださいと祈り続けるより他ありません。

赦しを受け取ることは、赦しを差し出すことと相関しています。多く赦されたことを自覚している者には、多く赦すことが可能です。ルカの福音書一七章一〜四節やマタイの福音書一八章二一〜三五節の主イエスの教えを思い出し、自分の負い目を具体的に意識できるようにして、そうして祈りましょう。負い目をお赦しください。

また、その後半で、「私たちも赦します」と口にするからには、ほんとうに赦すのですよね。何回までと条件を付けるのでなく、負債の大小で判断を変えるのでもなく、決然と、赦しますと告白し、そのとおりに生きられるように、主の助けを仰ぎたいと思います。

◆試みにあわせないで、悪からお救いください

さて、最後の一行です。私たちを試みにあわせないで、悪からお救いください。

一方で、聖書は世にあっては苦難があると言っているのではなかったでしょうか（ヨハネ一六・三三他参照）。試練や誘惑があることは当然視されています（ヤコブ一章他参照）。だとすれば、「試みにあわせないで」というのは、試練が皆無であることを祈るというのではないでしょう。あまりに大きな試練に直面して悪に陥ってしまうという、それほどの試みにはあわせないでください、と解して、私は祈っています。みことばの約束を感謝します。

「ですから、立っていると思う者は、倒れないように気をつけなさい。あなたがたが経験した試練はみな、人の知らないものではありません。神は真実な方です。あなたがたを耐えられない試練にあわせることはなさいません。むしろ、耐えられるように、試練とともに脱出の道も備えていてくださいます。」

（Ｉコリント一〇・一二～一三）

ヘブル人への手紙一二章の警告と命令と約束も幸いです。

「わが子よ、主の訓練を軽んじてはならない。主に叱られて気落ちしてはならない。主はその愛する者を訓練し、受け入れるすべての子に、むちを加えられるのだから。」

（五～六節）

「霊の父は私たちの益のために、私たちをご自分の聖さにあずからせようとして訓練されるのです。すべての訓練は、そのときは喜ばしいものではなく、かえって苦しく思われるものですが、後になると、これによって鍛えられた人々に、義という平安の実を結ばせます。」

（一〇～一一節）

「主の祈り」を生きる

私たちは、この祈りを祈るたびに、神の前に生かされている自分を確認させせられ、神との関係を確認させせられ、神の視座に立ってこの世界を見ることを励まされ、神の求める生き方を確認させせられます。このように祈る私たちは、祈るからには、そのように生きる者としていただきましょう。

Ⅳ　これからの世界、そこに立つ私たち

最後に、これからの世界について考え、キリスト者が、また教会がどのように立つのかについて考えましょう。冒頭に述べたように、評論家を気取ってはならないし、そのつもりではないとあらためて確認します。ただ、時代を見つめ、少し先を展望することは、神のみこころに敏感で従順に歩めるための備えの一助になると信じます。その意味で少し考えたいのです。

変化に向き合う

◆加速度を増す変化を予期する

まず、変化が加速度を増すことを予想しておきましょう。

たとえば、通信を巡る環境の変化を思い出してください。一九五九年生まれの私の記憶は、自宅には電話のなかった時代から始まり、コードレス電話、ファックス、自動車電話、ポケベル、ガラケーという遍歴をたどります。この間の約四十年の変化は劇的です。1Gのアナログ携帯のあと、2Gのデジタ携帯データ通信（iモードとか）、3G、4G、今や5Gが実用化されていて、2Gからたった二十年くらいの出来事です。長足の進歩だとか、飛躍的な発展などと言うのでは不十分です。とてつもない跳躍であり、普通の人間の想像を超えていた、ということを知っていただきたい。手元のスマートフォンで世界中の誰とでもビデオ通話ができ、オンライン会議ができるなど、二十年前には想像できなかったでしょう。

情報端末の変化も劇的です。一九七〇年代末の頃、大学生の私にとってはコンピュータと言えば「建物」でした。牧師になった頃、高価ながらもパソコンが実用的なものとなり、ラップトップができ、ノートパソコンもほんとうに実用的になったのはやっと九〇年代末。ちなみにiPadが世に出たのは二〇一〇年。今ではタブレットを持ち歩く光景を普通のことと考えるかもしれませんが、たった十年と少しです。このあと五年、あるいは三年、あるいはもっと加速度がついて、次はどのような端末が日常になっているのでしょうね。

このような、情報と通信を巡る環境の変化は、テレワークを日常化させ、教育現場の常識を塗り替え、普段の普通の生活に思いも寄らぬ方向転換を来たし、さらに加速していくことでしょう。

人工知能の研究も、ディープラーニング(深層学習)によって一気に加速したと言います。第四次産業革命(二〇一六年には登場)とかソサイエティ5.0(二〇一六年)などの呼び声は五年も前から聞こえていました。今ではAIが日常の隅々に及んでいて、医療でも画像診断で熟練のドクターを超えている面もあるなどと評され、コピーライターもAIに並ばれそうだとか。学習塾の教材でも子どもの習熟度に応じたものが提供され、学校教育においてもあるいは日常のものとなり、神学教育だってAIを活用するようになるのかもしれません。冷蔵庫の中味に応じてメニューを提案してくれるような日常も始まっていたり、車の自動運転もさらに普及したりするのでしょう。

こうして見ると、たとえば十年後に、私たちの多くはまだ地上にいるとして、どのような日常を生きているのか、予測できません。いや想像さえできていないのではないかと思います。AI教祖の新宗教が人気を博しても不思議ではなく、AI政治家のような存在もあるかもしれません。

「知り合い」や「友だち」という日本語の意味の変化も指摘されています。対面で会ったことのない「知り合い」は当たり前。オンラインゲームで一緒に戦ったり、ビジネスパートナーとなって協働したりする「知り合い」に、対面で会ったことがないのは普通のことになりつつあるのでしょうか。リアルの世界での「友だち」よりSNS上の「友だち」のほうが多くて、しかも、それら二つのグループは線を交わらせないようにして、切り離した別々の世界にしておきたかったりするとも言います。SNS上では、リアルの世界のさまざまな制約を取っ払って、思い描いたとおりの人物を生きることができると考えるからのようです。そうなると、再び、身体性拡張の問題が浮上します。私がいて、私の知り合いや友だちがいて、もう一人の「私」がいて、その「知り合い」や「友だち」がいる。すでにそのような現実を生きている人々の数は、少なくないのかもしれません。

リアルとバーチャルの垣根が取り払われてゆくのでしょうか。〝二・五次元アイドル〟として知らされていた〝声優〟が実はボーカロイドＡＩだった、という事態だって、今後、ないとは言い切れません。「ＡＩ美空ひばり」を巡って賛否の声が盛り上がったのは二〇一九年でした。

このように、変化の加速を予想すべきです。いや、予想もしていない未来に驚きすぎない心の準備をしたい、と言うべきかもしれません。

◆変化が悪なのではなく、神からの離反が問題

しかし、変化そのものは悪ではありません。神のみこころを体現することに役立つ変化もあれば、神に喜ばれない変革や神に背く革新も多いことは間違いありません。ただ変化を恐れ、変化を遠ざけるのでなく、神に喜ばれる変化には柔軟でありましょう。その一方で、神を無視するかのような、無節操な変転や妥協があります。それこそが問題なのです。

もう一度、礼拝について考えてみましょう。

コロナ後の日常に、オンライン礼拝はどのように位置づけられるでしょう。感染予防や感染拡大防止の観点から導入した変化でしょうが、感染症を巡る状況が変わったときに、どうするのでしょう。速やかに解消して、以前のように一緒に集まるのが当然だと考える人々ばかりではないかもしれません。

簡単に評価できることだとは思いませんが、少なくとも、検討に臨む各々の動機と目的には敏感でありたいと思います。いつの間にか、気楽や快適などの要素が侵入してしまうことがあると思うからです。オンライン礼拝について言えば、「観客化」の危険も気になります。授業でも会議でも、そして礼拝までも、参加者でなく、観客でいることを容認する可能性があり、助長する危険性さえあると思われます。

皆さんのなかでオンラインの礼拝出席の経験のある方は、いかがでしょうか。それは確かに公同の礼拝として成立していますか。流れてくる放送を視聴しているような姿勢ではなく、会衆の一人としてともに礼拝をささげているでしょうか。観客や視聴者ではなく、礼拝の民の一員としてでしょうか。（実は、リアルの礼拝においてもその危険がないわけではないのですが。）

可能性は多大です。教会堂に来られない方々をも礼拝に招き入れる可能性があります。物理的、地理的な壁の突破は、家族伝道や在外邦人宣教にとって大きなメリットとなり得ます。だからこそ、懸念を洗い出し、教会教育の課題として十分に取り上げていただきたいと思います。

関連でもう一つ、帰属意識の問題も大きいでしょう。オンラインでいくつもの「礼拝」を視聴できます。その日の気分に応じて、あるいは説教題によって、自分に「適した」「礼拝」を選んで視聴して、それで満足してしまう危険はないでしょうか。

神は、神の民が、キリストのからだの一部に組み合わされて、からだを建て上げることを期待しておられます。地域教会に属して、そこでからだの一員として、知恵を尽くして互いに教え、忠告し合い（コロサイ三・一六）、主の栄光を表すことを期待しておられます。オンライン活動の日常化が、具体的な帰属と帰属意識を軽んじる傾向を見張る必要があります。

◆したがって、基準が大切である

このように考えてくると、大切なのは基準です。神の民が神に従う基準を確認することであり、その基準に従って、神に従い抜くための識別力であり、また、そのように励まし合う交わりです。神が聖書を通して開示してくださっている神の基準を正しくわきまえ知る努力を励まし合いましょう。

利便性や効率追求を、神のみこころに先行する基準にしてしまってはなりません。快・不快が幅を利かせる時代に、神を基準とすることを追求できるように励まし合いましょう。

現代の教会にとって、基準を揺さぶってきた大きな要素は、人間を過信する人間中心主義です。そのようなヒューマニズムに注意を払い続ける必要がありますが、今や、人類は、ＡＩを過信するＡＩ中心主義とでも呼ぶべき思想に直面しています。ＡＩに、情報処理だけでなく、価値判断まで委ねる時代精神です。たとえば車の自動運転において、運転手の人間よりもＡＩの判断を信頼するようになっていくのでしょう。

それは情報処理に留まるはずはなく、価値の判断を含むことになります。不測の事態が起こって、たとえば、対物・対人の衝突を避けられないときに、何かあるいは誰かと、乗員保護と、どちらを優先するのか。その判断をＡＩに委ねることになるのでしょうか。

マッチングアプリのほうがもっと現実的です。ＡＩ婚活などといって、従来のアプリにＡＩによる分析や提案の機能が加わり、人間の判断よりもＡＩの提案のほうが確実性が高い、という風潮になっているように思います。政府や自治体が予算をつけて後押しする面もあり、さらに加速していくのかもしれません。

ＡＩに価値判断を任せる構図は、たとえば中国の「社会信用システム」やシカゴ市警の犯罪予測プログラムなどで実用化されているだけでなく、日本でも就活のエントリーやローン審査などで信用スコアが実用化されています。しかし、これで、このままで良いのでしょうか。この精神性は、為政者の思想やシステム管理者の倫理がＡＩをコントロールして、社会を意のままに操ることができるような時代を、自ら引き寄せる面があると思います。

使命は堅持し、方法は柔軟に〜大胆なイノベーションを恐れないで

世界は大きく変化しています。しかし、神の民に託されている使命は、根本的には変わることがありません。創造の初めから、神の世界の統治管理者として、神に仕え、神のみこころの実現に仕えることが、神によって、神のかたちとして創造された人間の使命です。神を愛し、隣人を愛することであり、福音を伝え、教会を建て上げることです。

この使命を実現する方法が多様であることも、いつの時代にも変わらずそうだったと言えます。アダムとエバにおける方法、モーセにおける方法、ダビデにおける方法

などと考えてみるだけでも明らかです。その生かされている時代と現場によって、まるで異なる方法で、しかし同じ使命に生きてきた神の民の歴史を思います。

この事実は、私たちの今、そしてこれからを考えるときに大きな励ましとなります。神の民として神に仕えるその方法は、先人たちのそれとは違うのでしょう。異なる時代を生きているのですから当然なのです。神から託されている使命を見据えて、神の使命に生きていると確信するかぎりにおいて、方法において柔軟であることはふさわしいことです。変化している世界に遣わされているお互いですから、各々の現場において神の使命を達成するために、変化を恐れず、ただ基準をどこまでも大切にして、主に仕えてまいりましょう。

「主の祈り」にも助けられ、私たちの視座と視線を整えられ、進む

最後に、もう一度勧めます。私たちは「主の祈り」を祈るたびに、神の前に生かされている自分を確認させられます。神との関係を確認させられ、神の視座に立ってこの世界を見ることを励まされ、神の求める生き方を確認させられます。このように祈

るからには、そのように生きる者としていただきましょう。

Q & A

――先生がくり返し使っていた「視座」とは、どのような概念ですか？

A　「視点」は、特定の「点」に目を向けることで、どこに注目するかに関心があります。「視野」は、ある広がりを見ることで、見ている範囲を指します。「視座」とは、どこに立ってものを見るのか、ということです。たとえば、灯台の上から見下ろすのか、灯台の下から見上げるのかによって、見える景色は変わります。自分が立つ場所によって、自分の認識の枠組みや前提によって、見えるものが違ってくるのです。「視座」は、そのような意味で使われる用語概念です。

――「主の祈り」が、イエス様の御名によって祈らないのは、なぜですか？

A　そうですね、あまり考えたことがありませんでした（笑）。

「主の祈り」は、「イエス様の御名によって祈ります」と結ばれていません。しかし聖書を見ると、この場面ではイエス様ご自身が「主の祈り」を、弟子たちに口移しのように教えておられます。ですから、目の前にいるイエス様に導かれるままにお祈りをする、ということで十分であったわけです。今日私たちが祈るときにも、「ですから、あなたがたはこう祈りなさい」（マタイ六・九）とイエス様が教えてくださったので、ほかの祈りとは異なり「イエス様の御名によって」と結ばなくてもいいのかな、と思います。

――『聖書　新改訳2017』では、これまで入っていた「国と力と栄えは、とこしえにあなたのものだからです」が本文から取られ、欄外に入れられていますが、この部分は「主の祈り」にいらないのでしょうか？

A　これはなかなか難しい問題です。新日本聖書刊行会が、聖書翻訳でどこがどう変わったのかについて紹介した本があります（新日本聖書刊行会編『聖書翻訳を語る「新改訳２０１７」何を、どう変えたのか』いのちのことば社）。それを読んでもらえれば、聖書翻訳の当事者が何を考えて、この部分を本文から脚注に落としたのかが、より理解できるかと思います。

『聖書　新改訳２０１７』の脚注には、「後代の写本には」と記されています。つまり、「マタイの福音書」が記された一世紀後半ではなく、もう少し後の時代の写本に「国と力と栄えは、とこしえにあなたのものだからです。アーメン」という文言を加えているものもある、という説明です。

この「国と力と栄え……」は、伝統的に長い間「主の祈り」の一部として祈られてきたわけですが、マタイによって福音書が書かれたときにはこのくだりはなかったのではないか、と考えられます。そのため、今回の改定作業の際に、本文ではなく脚注に入れたということです。しかし、聖書本文ではないにしても、たいへん長い間教会で親しまれてきた祈りでもあるため、この一文を「主の祈り」の最後に入れるか入れないのかは、議論があるわけです。先ほど紹介した本には、いささか逃げだとも思えますが、「（最後に入れても入れなくても）よいようにしてください」と記されています。

聖書本文ではないにしても、「国と力と栄えは……」は教会がずっと共有してきた祈りですので、間違いではないことは、受け止めていただければと思います。

――「主の祈り」で、「負い目のある人たちを赦しました」の部分が、『聖書　新改訳２０１７』では、「負い目のある人たちを赦します」と変わったのはなぜですか。

A　これも関心のある箇所です。この箇所も欄外注では、「別訳『赦しました』」と記されています。

ただ、「赦しました。だから赦してください」となってしまうと、聖書が教えていることと矛盾することになってしまいます。つまり、「私も赦しました。

ですから、その行いに免じて私の罪を赦してください」という、行いに基づく救いになってしまいます。

一方、『新改訳２０１７』の「負い目のある人たちを赦します」という訳も、「いつか赦します」という未来形を意図しているのではありません。「赦します」と口にしたとき、「赦す」という行為が同時にそこで発生しているのです（「行為遂行的発話」と言います）。この箇所は、「赦します（ました）から、（私の罪を）赦してください」という条件闘争ではなく、「赦してください。私も赦します」という信仰の表明なのです。行為による救い、という誤解を避けるため、「赦します」という訳になったと、私は理解しています。

原語のギリシア語の「時制」に関する理解が深まっていて、以前は過去形で訳されていた時制を、統一的に過去形で訳すのは不適当と考えるようになってきています。そのようなギリシア語文法の理解の広がりも、新しい訳の背景にあります。

――コロナ禍の中で、礼拝や賛美、聖餐のあり方について教えてください。

A ひとつ注意深く申し上げたいのは、それぞれの教会の文脈があるということです。どれくらいの規模（年齢層・人数等）の会衆が、どんな会堂に集まって、どんな換気の設備のもとで礼拝をするのか、ということがあるので、それぞれの「安全な礼拝」「安心して集まれる礼拝」は異なってくると思います。私が知っている首都圏の教会の中でも、二〇二〇年二月から礼拝をオンラインに移行して、今に至るまでほぼ完全にオンラインのみで礼拝している教会もあります。一方、百人以上集まる教会で、消毒、マスク着用と徹底しながら、コロナ以前からほとんど変わらない集まり方を選択した教会も知っています。

賛美のあり方も、会衆賛美をどうするのかということがあります。今はマスクなしで大きな声で歌うことはしていないかと思いますが、マスク着用していても、密の状態で大きな声で歌うとなると、飛沫などの心配もあるでしょう。それで、教会によっては代表者が賛美して、一同はその歌詞を目で追って、心の中で賛美するという方法をとっています。また、賛美ではなく朗読に代えている教会もあります。全員で歌いたいから、節の数を限ってみんなで歌っている、という教会も知っています。「あり方はいかに」ということでいうと、それぞれの教会が置かれている文脈に応じて選択していくほかないと思います。

「聖餐」についても、神学的にも議論があるところです。ある教団では、二〇二〇年四、五月の頃には、オンラインでの聖餐は当面見合わせることを教団として呼びかけていました。その理由のひとつに、パンと杯《さかずき》の聖別が挙げられます。教会で聖別の祈りをもって用意されたものと、個人の家庭で用意されたもの、それは同じく祈り心をもって用意されるにしても、聖別の範囲というものがきちんと担保できるのか、という点から、「見合わせる」ことを呼びかけたものでした。一方で、パンと杯はあくまでも記念するための表象、シンボリカルなものであって、大切なのは心であるとし、遠隔の聖餐も良しと考えている伝道者や団体もあります。

礼拝、賛美、聖餐に関しては、それぞれの教会が置かれている現実の中で、教会の一致の中で選び取られていくことが大切だと、私は思っています。

私自身が置かれている文脈として、神学校でのことを話させていただきますと、この一年間も、寮生活を維持しながら、研修生活、神学教育を続けてくることができました。規模の大きな神学校、あるいは都心にある神学校では完全に閉鎖して、クラスもオンラインのみとしたところもありました。そこにはやはり、立地と条件ということがあるのだと思います。どちらかが正しいとか、間違っているとか、そういうことではありません。そのことを申しておきたいと思います。

同じ地域の、隣の教会が別の判断をすることがあっても、建物も違うし、集まっている人々も違うということを覚えて、裁き合うといったサタンの巧妙な罠に決して陥らないように気をつけたいと思います。

――「交わりに生かされている」という事実に励まされます。しかし、このコロナ禍で交わりが難しいと思わされています。どのようにすればいいでしょうか。

A　たしかに、今までのように顔と顔を合わせ、食卓を共にしたりして行ってきた交わりは難しくなりました。そのようなとき、替わりにどのような交わりが可能なのか、ということで諸教会では知恵を用いていることと思います。たとえば、私が関係している教会でも、二〇二〇年五月ごろからオンラインで礼拝の配信が始まりました。ご高齢で一人暮らしの方が、スマートフォンは持っているけれど、オンラインでの礼拝のやり方など全然わからないとおっしゃる。教会の青年が訪ねて、配信される礼拝に参加できるよう手取り足取り教える、といったことがありました。また、オンライン愛餐会を開催し、画面越しですが、食事を共にし、近況を報告し合うという交わりも行いました。

別の教会では、全面的にオンラインの礼拝でしたが、礼拝後、一家族ずつ画面越しに近況報告をして、祈りの課題を分かち合うといったことを、三十分ぐらいかけて行っていました。

実際に会えない中でも、交わりのアイディアはいろいろあるかと思います。ただその際に、本書でも触れましたが「全人性からの乖離」という大きな課題もあります。オンラインだと画面の向こうで、何かをむしゃむしゃ食べながら、寝っころがりながら、集会に参加するということが可能になってしまいます（身体性の拡張）。礼拝であれ、交わり会であれ、祈り会であれ、オンラインの集まりに、どこまで自分の存在を携えて集まっているか、という課題です。たとえば、画面をオフにしてしまうと、どのような表情で参加しているのかわかりませんし、テレビ会議などでバーチャル背景を使用すると、どこから参加しているのかもわかりません。

オンラインであっても、どこまでリアリティをもって礼拝や祈り会に参加できるのか。日曜日らしく自分を整え、場所を確保する。礼拝に集中できるように不要なものを片付ける。全人格をそこに持って行くこと。ひとりひとりの努力と工夫が求められます。それを励ます教会教育も大切だと思います。

刊行の言葉

『おくたま福音文庫』をここに刊行できることを心から主に感謝いたします。

奥多摩福音の家（以下、福音の家）は、一九六五年に信徒の信仰成長と交わりの場が必要との考えから、リーベンゼラミッションの祈りと献金によって誕生しました。それ以来、五十五年以上に渡って教会に仕える働きを担わせていただいてきました。

福音の家が大切にしているものは三つあります。

①クリスチャン同士の交わり
②神の恵みの福音を証しする任務
③大自然を通して創造主を覚える

福音の家は、これらのことを大切にしつつキャンプ伝道を中心にその働きを継続してきました。

しかし、その働きをストップしなければならない事態が生じました。それは、新型コロナウイルス（Covid-19）感染症のパンデミックによってです。感染拡大が顕著になり始めた二〇二〇年三月以降、感染拡大防止の観点から会堂に集まっての礼拝を休止する教会も多く見られるようになりました。そして、その影響はすぐに福音の家にも及びました。

二〇二〇年三月の宿泊予約はキャンセルとなって営業収入はなくなり、働きを担ってきた運営委員会は危機感を覚え、最悪の状況も頭をよぎりながら幾度も話し合いを重ねました。そうした中で、福音の家を祈り支えてくださっていた諸教会や信徒の方々の後押しもあり、祈りと支援の要請を行ったところ、驚くべき主のみわざを見せていただき、運営委員一同主の御名をあがめました。

もちろん福音の家としても手をこまねいていたわけではなく、祈りつつ様々な取り組みを行いました。その一つにオンラインを用いたＷＥＢセミナーがあります。この度刊行に至った『おくたま福音文庫』はそのＷＥＢセミナーがもとになっています。

福音の家としては、WEBセミナーの恵みを分かち合い、諸教会の働きのために少しでも仕えたいという思いから刊行に至りました。今後は、年間に一冊のペースを目指して発行していきたいと願っています。

セミナーだけでなく、宿泊キャンプなどが再開されれば、それらのメッセージを諸教会にお届けすることができるかもしれません。

主のお許しの中で本シリーズが継続され、諸教会の益となる働きとなれば幸いです。ここまで福音の家の働きを覚えて祈り支えてくださった諸教会をはじめ、兄弟姉妹の尊い祈りとお献げ物を心から感謝します。また、非常事態の中でご奉仕くださった講師の方々にも心からお礼申し上げます。何よりもすべてを支配しておられる私たちの主に栄光を帰して、ここに『おくたま福音文庫』を刊行します。

二〇二一年十一月

奥多摩福音の家運営委員長　大高伊作

奥多摩福音の家

〒198-0105　東京都西多摩郡奥多摩町小丹波135
TEL：0428-85-2317　FAX：0428-85-2370
HP：https://ofi.camp/　MAIL：info@ofi.camp

三つの使命　MISSION

・クリスチャン同士の交わり
・神の恵みの福音を証しする任務
・大自然を通して創造主を覚える

＊聖書 新改訳 2017©2017 新日本聖書刊行会

おくたま福音文庫

「主の祈り」を生きる
コロナ禍で浮き彫りになった課題とともに

2021年11月30日　発行

著　者　赤坂　泉
装　丁　林　久美
発　行　いのちのことば社
〒164-0001 東京都中野区中野2-1-5
電話 03-5341-6924（編集）
03-5341-6920（営業）
FAX03-5341-6921
e-mail:support@wlpm.or.jp
http://www.wlpm.or.jp/

ISBN 978-4-264-04324-9

奥多摩福音の家　関連商品

聖書セミナーDVD／ブルーレイ

山上の説教に学ぶ「真の幸福」

内田和彦（約250分収録）

DVD（2枚組）　5,500円（税込）
ブルーレイ（1枚）6,600円（税込）

著者による朗読映像

私たちは勇気を失いません

病と闘う青年に宛てた41通の手紙

内田和彦（約320分収録）

ブルーレイ（1枚）6,600円（税込）

＊ＤＶＤの申込み・問合せ先「奥多摩福音の家」ＨＰ（https://ofi.camp/）より

※書店ではお取り扱いしてません。

好評発売　関連書籍

『私たちは勇気を失いません

――病と闘う青年に宛てた41通の手紙』

内田和彦 著

いのちのことば社　四六判208頁　**定価1,540円（税込）**

＊書籍のご注文は、お近くのキリスト教書店、またはいのちのことば社通販サイトへ